Die schönsten Bildermaus-Geschichten

# Die schönsten

# Geschichten

von

Werner Färber



Loewe

*Der Umwelt zuliebe ist dieses Buch auf chlorfrei gebleichtem Papier gedruckt.*

ISBN 3-7855-3879-0 – 2. Auflage 2001

Umschlagillustration: Leopé
Reihengestaltung: Angelika Stubner

**www.loewe-verlag.de**

# Inhalt

## Geschichten vom Förster Fridolin

*Illustrationen von Sonja Firmenreich*



## Geschichten vom Clown Coco

*Illustrationen von Regine Altegoer*



## Geschichten von der Nixe Nicky

*Illustrationen von Pia Eisenbarth*



## Geschichten vom Feuerwehrmann Florian

*Illustrationen von Jan Birck*

## Ein Pferd für Winnotami

Der kleine  hört etwas fauchen. Gleich darauf wiehert ein  . Vorsichtig schaut Winnotami hinter die  .

Dort steht ein prächtiges, schwarzes  . Es wird von einem  bedroht.

Angstvoll legt es die  an.

Mutig tritt Winnotami hervor.

„Heh!“, ruft der kleine .

„Verschwinde!“ Der 

faucht und zeigt die 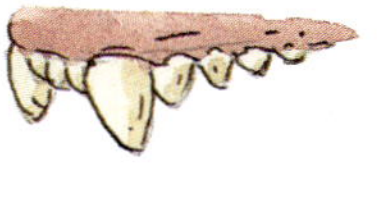 .

Aber dann macht er sich davon.

Das  ist an einem 

verletzt. „Ganz ruhig“, sagt der

kleine  . Vorsichtig legt er

dem  sein  um.

„Ich pflege dich gesund.“

Langsam führt Winnotami das

 zurück zu den  .

Unterwegs pflückt er heilende

 von einem  .

Winnotami weiß, dass sie dem  gut tun werden. Er zerstampft die  in einem . Mit einem 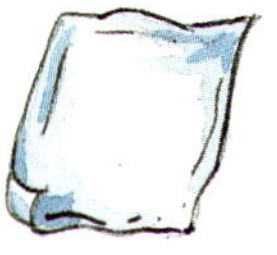 bindet er sie fest um das verletzte 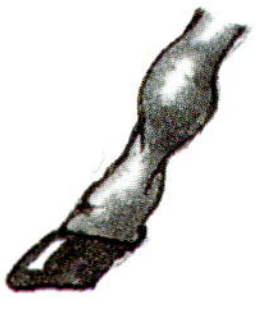.

Täglich erneuert Winnotami den

 . Bald grast das 

friedlich bei den anderen  .

„Darf ich dich reiten?“, fragt der

kleine  , als es wieder

gesund ist. Wiehernd hebt das

 den  . Winnotami

hält sich an der  fest.

Ganz ohne  und 

schwingt er sich hinauf.

Ruck, zuck, sitzt er wieder im .

Das  bockt wie eine

verrückt gewordene .

Aber Winnotami gibt nicht auf.

Ganz allmählich gewöhnt sich

das wilde  daran, dass

der kleine  auf ihm reitet.

Und weil es so schnell ist, nennt

Winnotami sein  Wirbelwind.

## Die Indianer bauen ein Floß

Noch einmal lässt der starke

Jujonka sein  niedersausen.

„Passt auf! Er fällt!“, ruft er.

Knirschend und krachend sinkt

der mächtige  nieder.

Winnotami entfernt die  .

Zusammen mit den anderen  schleppt er den großen  hinunter zum  .

„Das reicht für unser  “,

sagt Olmiko. Er bindet den

letzten  fest. Der kleine

 sucht einen starken ,

der als  dienen soll.

„Hilfe!“, hört er plötzlich Olmiko rufen. Das 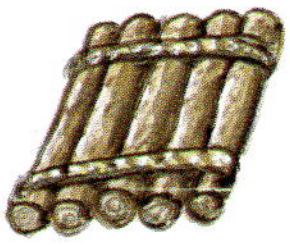 treibt auf dem . Olmiko kann ohne  nicht steuern.

Der kleine  schwingt sich auf sein  und galoppiert am  entlang. Er muss Olmiko einholen, bevor das 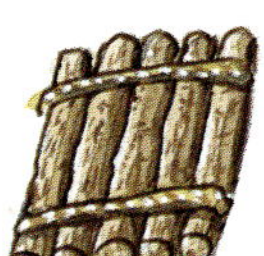 den  erreicht.

„Ich warte bei der 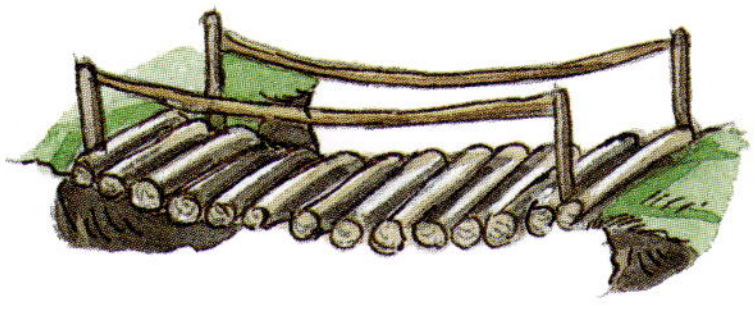

auf dich!“, ruft Winnotami ihm zu.

Doch Olmiko versteht ihn nicht.

Bei der 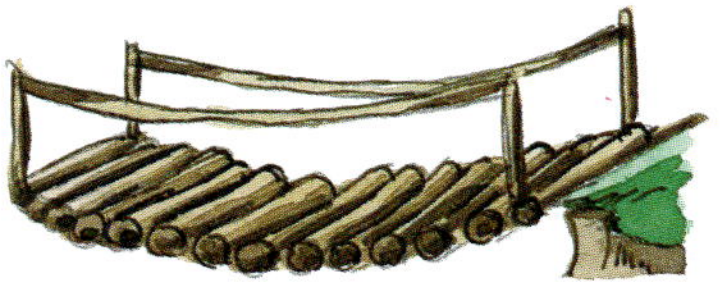 springt der kleine  vom . Das 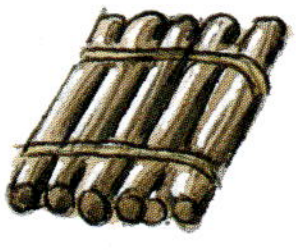 schaukelt ihm auf den  entgegen. Winnotami wirft sein . Olmiko bekommt es zu fassen.

Winnotami zieht ihn aus dem reißenden . Nun kommen auch die anderen .

Doch das  ist verloren. Es

stürzt den  hinunter.

Aber Olmiko ist gerettet.

Alle sind stolz auf Winnotami.

## Die Wörter zu den Bildern:

Indianer

Pferd

Felsen

Puma

Ohren

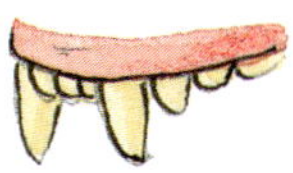
Zähne

Bein

Lasso

Zelte

Blätter

Baum

Eimer

Tuch

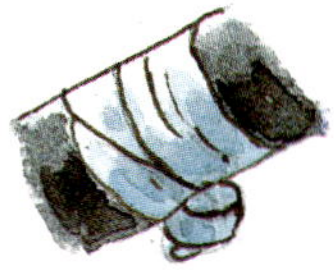
Verband

Kopf

Mähne

Steigbügel

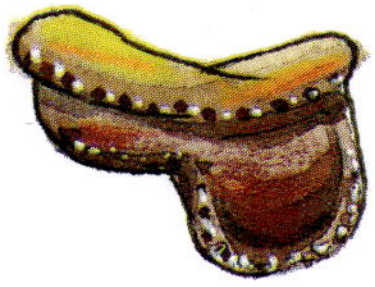

Sattel

Gras

Ziege

Beil

Äste

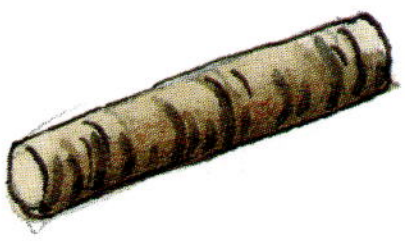

Baumstamm

Fluss

Floß

Ruder

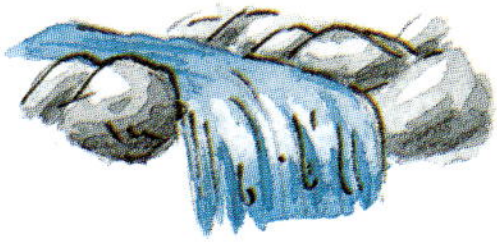

Wasserfall

Hängebrücke

Wellen

## Der erste Schultag

Gespannt sitzen die 

auf ihren . Jedes  hat

eine bunte  und eine

neue . Da ist alles drin,

was man in der 

braucht.

Die  schauen zur .

Wer wird sie unterrichten?

Plötzlich geht die  auf. Das muss die  sein. „Hallo, !“, sagt die . Sie ist nicht sehr groß. Sie hat einen bunten  auf und eine  in der .

Sie trägt eine  und sieht

fröhlich aus. „Ich bin eure .

Wollt ihr raten, wie ich heiße?“,

fragt sie. „Ja!“, rufen die .

Die lustige  nimmt eine 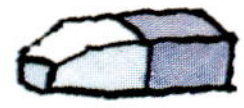

und malt einen großen 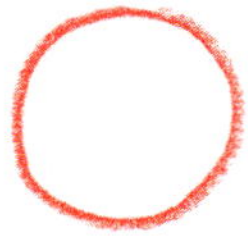

an die . „Heißt du vielleicht

 ?“, fragt Ines. „Nein“, sagt

die lustige  und malt weiter.

Zwei kleine 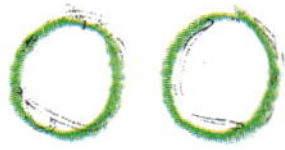 für die 

ein schmales  für die 

und einen großen lustigen .

„Heißt du ?“, fragt Anusch.

Die lustige  schüttelt lachend

den . „Frau Lustig“, schlägt

Max vor. „Fast, gleich habt ihr es!“,

ruft die lustige . „Heißt du

vielleicht Frau Fröhlich?“, fragt Kathi.

„Gut geraten“, sagt Frau Fröhlich.

Dann nimmt sie ihre  und

spielt den  etwas vor.

Die sind froh, dass sie von der

lustigen  unterrichtet werden.

## Frau Fröhlich räumt auf

Frau Fröhlich öffnet ihren  .

Eine hässliche  und eine

alte  fallen ihr entgegen.

Sie zerspringen in tausend  .

„Der  ist viel zu voll. Ich

muss endlich mal was wegwerfen“,

sagt die lustige  .

Sie saugt mit dem  die 

auf. Dann holt sie eine  und

fängt an den  auszuräumen.

Als Erstes nimmt Frau Fröhlich

ein kleines  in die 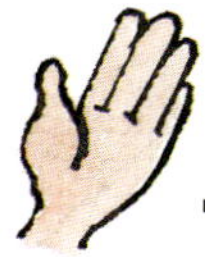.

Das  hat sie mal von Sabine

bekommen. Sabine hat es aus

alten  gebastelt. Nein,

das kann sie nicht wegwerfen.

Und da ist ja Willis  aus

 und  .

Oder soll es eine  sein?

Marens  liegt auch noch

im  . Die lustige  hat

immer noch keinen schönen 

gefunden, um es aufzuhängen.

Und das  von Anna ist auch

noch da. Wie hübsch die 

aus weißen  sind. Ein bisschen

verstaubt, aber viel zu schade

um das  wegzuwerfen.

Die lustige  räumt den

ganzen 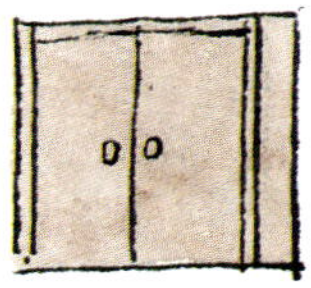 leer und macht

ihn gründlich sauber.

Dann räumt sie alles wieder ein.

Nachdem die  und die 

weg sind, ist der  eigentlich

gar nicht mehr so voll.

**Die Wörter zu den Bildern:**

Kinder

Stühle

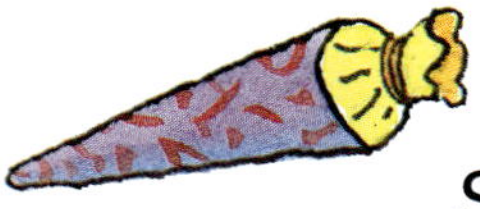
Schultüte

Schultasche

Schule

Tür

Lehrerin

Rucksack

Gitarre

Hand

Brille

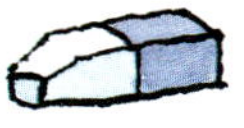
Kreide

Kreis

Tafel

Fußball

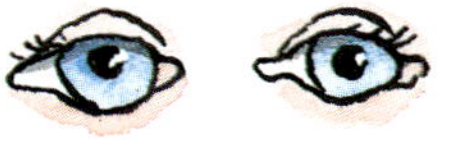
Augen

Dreieck

Nase

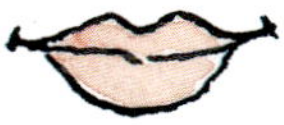
Mund

Strichmännchen

Kopf

Schrank

Vase

Tasse

Scherben

Staubsauger

Kiste

Schiff

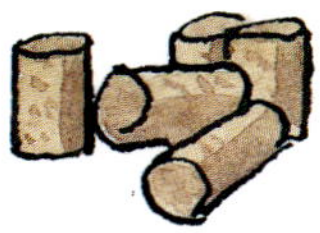
Korken

Ziege

Kastanien

Streichhölzer

Kuh

Bild

Rahmen

Schwäne

Mobile

Federn

## Die Piraten-Olympiade

Der kleine  ist heute ziemlich aufgeregt. Viele  sind versammelt. Gesucht wird der beste aller . Paolos  ist blitzblank. Von den  bis zum . Die zerrissene  ist geflickt. Die  sind geölt.

Die große  wird gezündet.

Paolo lässt den  lichten.

Die  müssen

zuerst vier  umsegeln.

Knapp hinter der flotten Frederike

erreicht der kleine  das 

.

Als nächstes müssen die 

mit den  kämpfen.

Paolo lässt seinen  tanzen,

dass den anderen schwindlig

wird. Abends, als die  tief

über dem  steht, liegt er

weit vor den anderen .

Nur der schwarze Sigi könnte den

kleinen  noch überholen.

Dazu müsste Paolo allerdings

zehnmal die  verfehlen.

Wenn er einmal trifft, ist ihm

der goldene 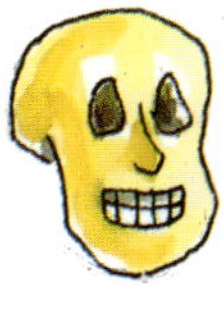 sicher.

Als der kleine  die erste 

abfeuern will, sind seine 

verschwunden. Wie soll er ohne

 die  treffen?

Doch Knut der  holt schnell

eine riesige  mit

dampfenden . Einen davon

lässt Paolo in die  rollen.

Er legt . Rums! Der 

landet mitten auf der 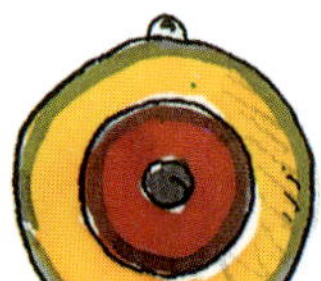.

Der schwarze Sigi tobt und wütet.

Sein  sieht aus wie eine 

mit 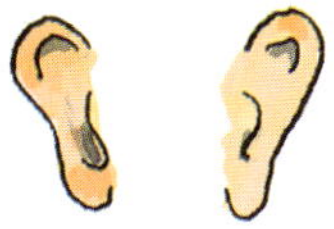. Ob er etwas mit

den verschwundenen 

zu tun hat?

# Retter in der Not

Das  des kleinen  fährt mit prallen  über das 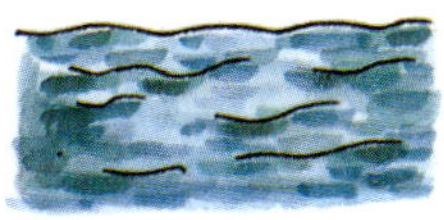 . „ voraus!“, ruft Klaus aus dem  . „Es geht gleich unter!“ „Nichts wie hin“, sagt der kleine  , „vielleicht müssen wir jemanden retten.“

„Aber was ist, wenn es 

des  sind?“, fragt Klaus.

„Denen habe ich schließlich

meinen  zu verdanken.“

„Ich würde sogar den schwarzen

Sigi retten“, antwortet Paolo.

Schnell segelt der kleine 

zum untergehenden .

Doch bis auf ein paar 

ist das große  leer.

Die  sind gebrochen und

die  sind verbrannt. Wie es

scheint, hat der  eingeschlagen.

„Das ist Frederikes “,

sagt Hein mit dem  traurig.

Paolo nickt. „Wir müssen Frederike und ihre  unbedingt finden!“, ruft er. „Vielleicht treiben sie mit dem 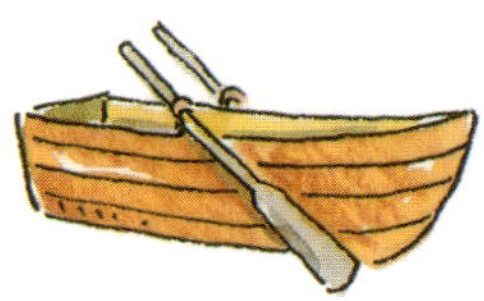 hilflos über das 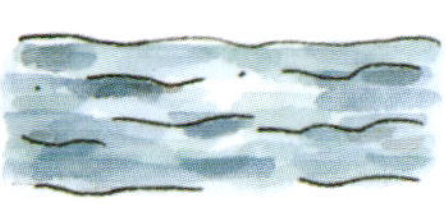.“ Unermüdlich kreuzt der kleine  hin und her.

Kurz bevor die  untergeht,

fischt August ein 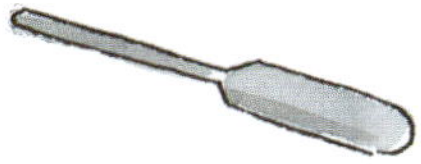 und

einen 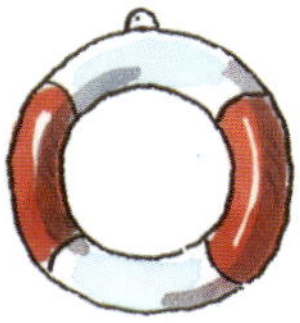 aus den .

Weit weg können die 

nicht sein. Als es dunkel wird,

legt Paolo den 

weg.

Ab jetzt muss er sich nach

den  richten. Der 

glitzert hell in den .

Klaus schaut unentwegt durch

sein . „Da vorne sind sie!“,

ruft er endlich. Die  jubeln.

Und bald klettern die 

die  zum  hoch.

„Wie gut, dass man sich auf dich verlassen kann“, sagt Frederike und nimmt den kleinen  in die 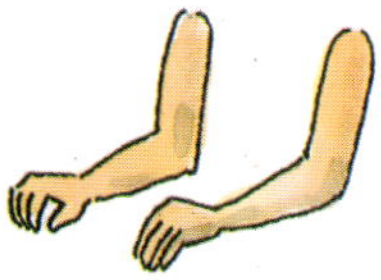.

## Die Wörter zu den Bildern:

Pirat

Segelschiff

Masten

Steuerrad

Fahne

Kanonenkugeln

Kanone

Anker

Felsen

Ziel

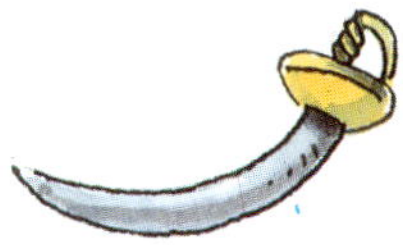

Säbel

Sonne

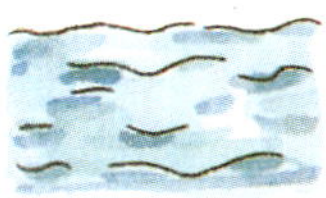

Meer

Zielscheibe

Totenkopf

Koch

Schüssel

Knödel

Feuer

Kopf

Tomate

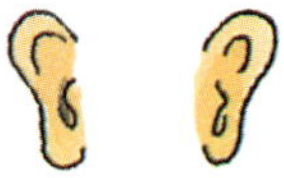
Ohren

Segel

Mastkorb

Matrosen

König

Haken

Möwen

Blitz

Holzbein

Piratinnen

Ruderboot

Ruder

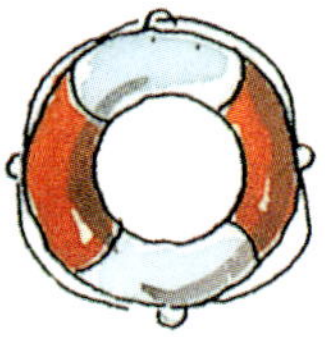
Rettungsring

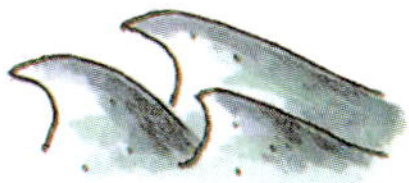
Wellen

Kompass

Sterne

Mond

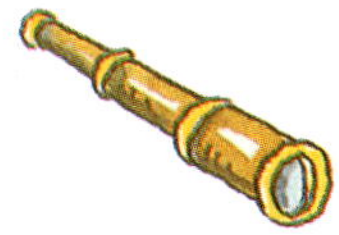
Fernrohr

Leiter

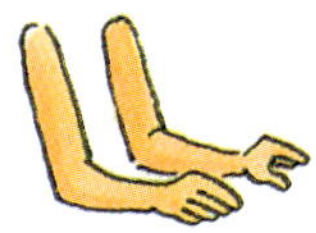
Arme

## Flotte Fahrt

Pia hat ein neues  .

Es ist rot wie ein  .

Der 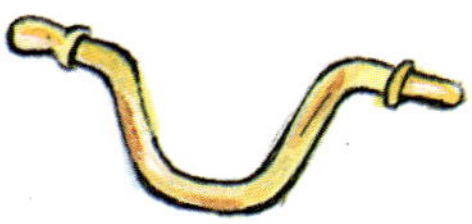 funkelt golden in

der  . „Probier es aus, ich

halte dich fest“, sagt der  .

Die kleine  steigt auf.

„Passt bloß auf“, sagt die  .

Pia tritt in die 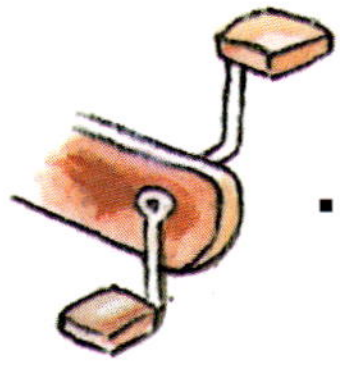 . „Gut so!“, ruft der  und schiebt. Die kleine  rollt einen  hinunter. Mit fliegendem 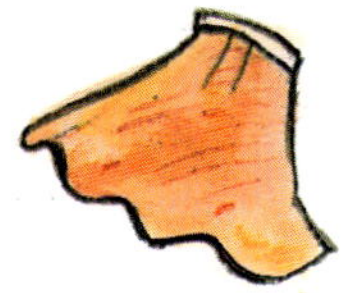 läuft die  nebenher. „Ich kann es!“, ruft Pia. „Nicht so schnell“, keucht der  . Er stolpert und lässt los. „Du musst bremsen, Pia!“, ruft die  .

Doch die kleine  kann sie nicht hören. Sie probiert nämlich gerade die  aus. Ding-dong, ding-dong! Mit surrenden  saust Pia den  hinunter.

Der  versucht sie einzuholen.

Endlich wird Pia langsamer. Es

geht wieder bergauf. Keuchend

erreicht der  das .

Er hält es fest, bevor es umkippen kann. Die kleine  dreht sich auf dem 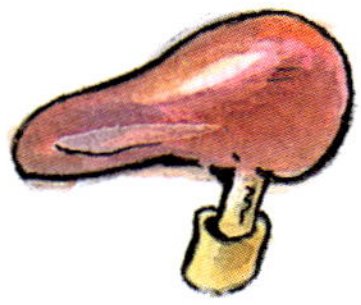 halb um. Sie strahlt den  an. „Darf ich jetzt auch mal alleine?“, fragt sie ihn.

# Besuch im Schloss

Die kleine  macht sich heute besonders hübsch. Ein fremder  und eine fremde  werden im  erwartet. Und eine , die so alt ist wie Pia, kommt auch mit. Pia zieht ihr schönstes  an. Sie bindet die große .

Dann macht sie die goldenen 

zu. Sie streift die langen 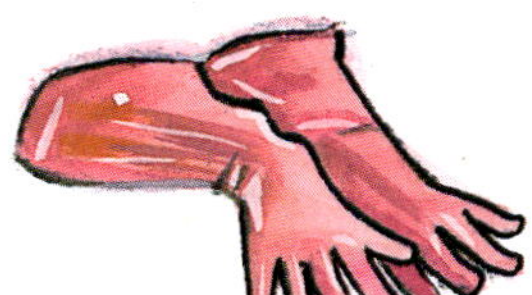

über und zieht die  an.

Auch ihre  kämmt die

kleine  heute besonders

gründlich. Zuletzt setzt sie vor

dem  ihre  auf.

Als sie zum großen 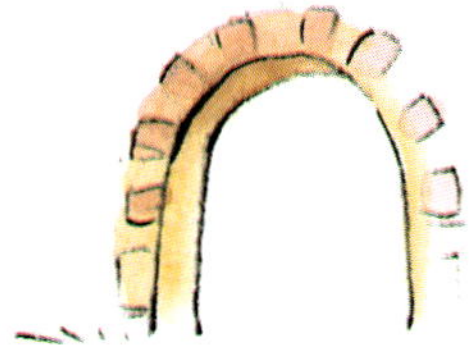

kommt, warten dort schon alle

auf die . Leider hat es

geregnet. Pia muss aufpassen,

dass ihr  nicht schmutzig wird.

Bald sind auf der 

die  zu hören. Direkt vor

der kleinen  rollt die 

durch eine große 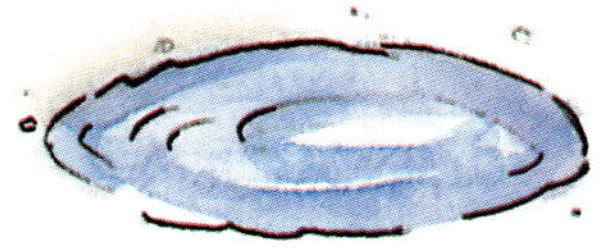 .

Das schöne  wird schmutzig.

Die kleine  versucht es

sauber zu wischen. Aber dadurch

wird alles noch schlimmer.

Pia würde am liebsten heulen.

Da steigt schon die fremde 

aus der  . Sie sieht Pia und

winkt ihr fröhlich zu. Pia hebt

zögernd die 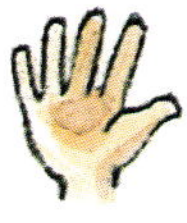 und winkt zurück.

Die fremde  läuft zu ihr.

Sie springt über die  ,

rutscht aus und fällt hin. Nun ist

auch ihr  völlig schmutzig.

Pia geht zu ihr und hilft ihr auf.

„Mach dir nichts daraus“, sagt

sie. „Ich sehe auch aus wie ein

kleines .“ Kichernd gehen

die beiden  ins 

und ziehen sich etwas anderes an.

**Die Wörter zu den Bildern:**

Fahrrad

Feuerwehrauto

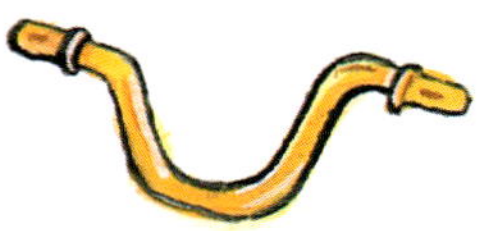
Lenker

Sonne

König

Prinzessin

Königin

Pedale

Berg

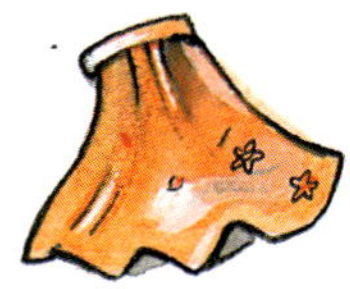
Rock

Klingel

Räder

Sattel

Schloss

Kleid

Schleife

Knöpfe

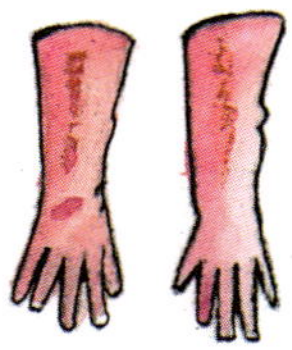

Handschuhe

Schuhe

Haare

Spiegel

Krone

Tor

Kutsche

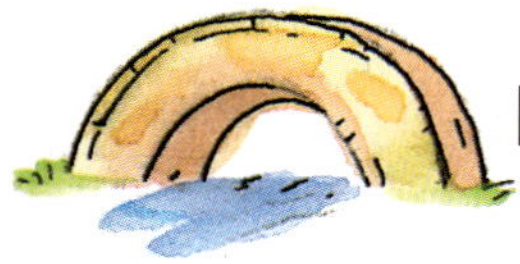

Brücke

Pferde

Pfütze

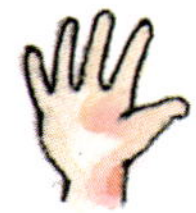

Hand

Schwein

## Ein heißer Sommer

Der  Fridolin sitzt müde auf einer . Sein  Wurzel liegt hechelnd darunter. So heiß war es schon lange nicht mehr im . Die  schlagen mit den . Die  wedeln mit , als wären es .

Und der  ist so faul, dass er

nicht einmal mehr jagen mag.

Der kleine  schaut durch

sein . „Dort drüben steigt

 auf“, sagt Fridolin. „Wenn

das bloß kein  ist.“

Wurzel kommt unter der 

hervor. Er läuft mit Fridolin durch

den . Bald riechen sie

den 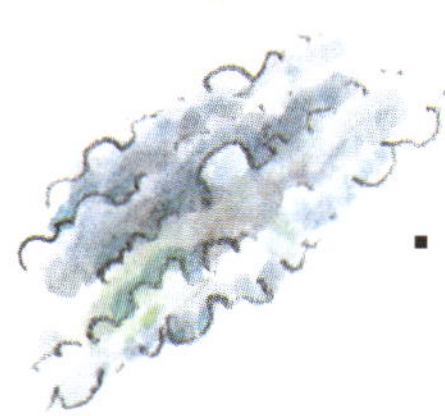. Sie hören das 

knistern. Gleich sind sie durch den

ganzen  gelaufen.

Dort im  sitzen zwei  .

Neben ihnen stehen zwei  .

Die  haben  auf

 gespießt und braten sie.

Jm  liegen noch 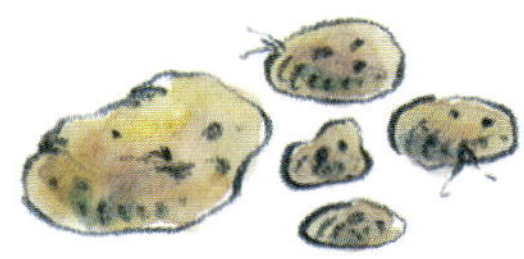 .

„Hallo, Herr  “, sagt der eine  . „Wollen Sie und Jhr  auch eine  ?“

„Wuff“, macht Wurzel. Und ob er eine  will. Doch Fridolin macht ein besorgtes  .

„Es ist verboten, im 

ein  zu machen“, sagt Fridolin.

„Das wussten wir nicht“, sagt der

andere 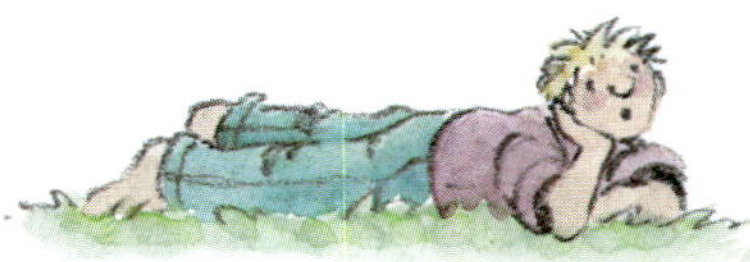. „Dürfen wir

die  trotzdem fertig grillen?“

Der kleine  drückt

ausnahmsweise beide  zu.

Dafür bekommen er und Wurzel

auch jeder eine .

# Wenn die Pilze schießen

„Komm, Wurzel“, sagt Fridolin zu seinem . „Heute gehen wir  jagen. Die  schießen wie verrückt.“ Ein kluger  wie Wurzel weiß natürlich, dass  nicht richtig schießen. Das sagt man nur, weil sie so schnell wachsen.

Das  lässt der kleine 
neben der  hängen. Man muss
 nicht jagen. Man sammelt sie.
 Fridolin nimmt einfach nur
einen  mit in den .

Wurzel schnüffelt unter jedem

 herum. Mal begegnet er

einer , mal begegnet er

einem . Und einmal

bewirft ihn ein  mit .

Plötzlich steht ein riesiges 

vor Wurzel. Das  schaut

dem  finster in die  .

„Verschwinde hier“, grunzt es.

„Das sind meine  .“

Wurzel möchte sich nicht mit

dem  streiten. Er geht

lieber wieder zu Fridolin. Mit einem

vollen  kommen sie abends

zurück. Und dann gibt es 

mit 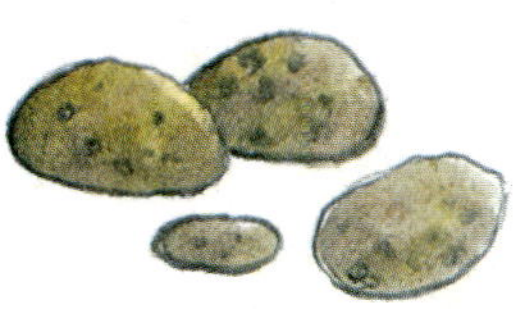. Dafür lässt Wurzel

sogar seinen 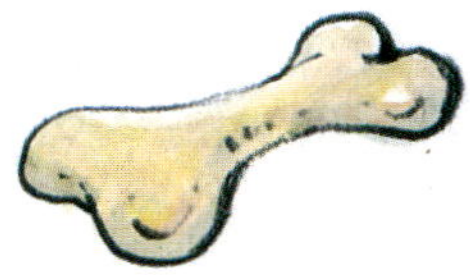 liegen.

**Die Wörter zu den Bildern:**

Förster

Fächer

Bank

Fuchs

Hund

Fernglas

Wald

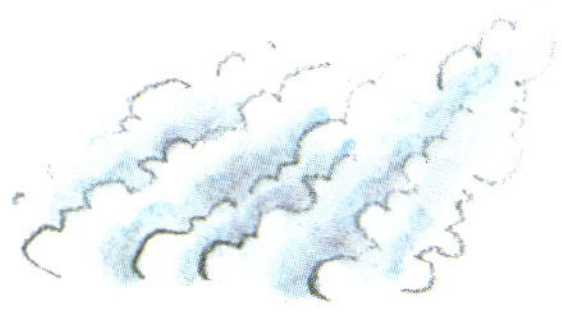
Rauch

Vögel

Feuer

Flügel

Gras

Hasen

Männer

Blätter

Rucksäcke

Bratwürste

Äste

Kartoffeln

Gesicht

Augen

Pilze

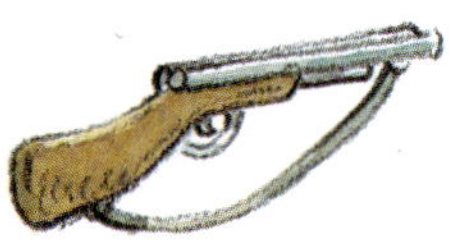

Gewehr

Tür

Korb

Baum

Maus

Dachs

Eichhörnchen

Kastanien

Wildschwein

Knochen

## Der Zirkus kommt

Der  kommt! Und Coco,
der , kommt natürlich auch.
Lange schon hat der  auf
riesigen  die 
angelacht. Heute gehen ,
 und  an
den winkenden  vorbei.

Ein  tuckert hinter

dem anderen. Jeder zieht einen

bunten . Endlich halten

sie an. Wo steckt der  ?

Die  laufen von 

zu . Im ersten wohnt

der . Im nächsten der .

Dahinter stehen die 

der  und .

Der letzte  ist noch

bunter als die anderen.

An der  **hängt ein** 

.

Darauf steht: Coco, der  .

Als die  aufgeht, sind die  enttäuscht. Ein ganz normaler  kommt heraus. „Wohnt hier nicht der  ?“, fragt ein  . „Doch“, antwortet der  . „Ich hole ihn.“

Die  müssen lange

warten. Dann geht die 

wieder auf. Vor ihnen steht Coco.

Er hat lustige 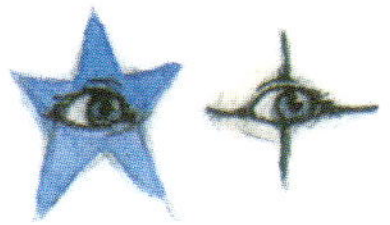, eine rote 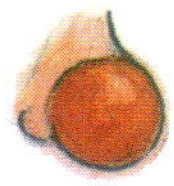

und viel zu große .

„Und wo ist jetzt der  ,

der dich geholt hat?“, fragt

ein kleines  . Der 

legt den  auf den 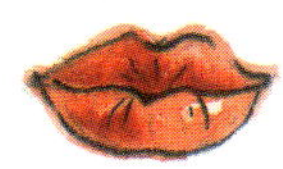 .

„Das wird nicht verraten.“

## Wie im Spiegel

Der  spaziert durch die 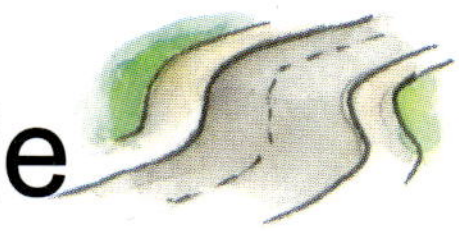. Viele  und  sind unterwegs. Sie schleppen schwere .

Obwohl Coco keine  dabeihat, tut er so, als müsse auch er fürchterlich schleppen.

 ,  und 

bleiben stehen und schauen

ihm zu. Der  sieht einen 

mit einem großen  .

Der  zerrt heftig an der  .

Der  kann ihn kaum

halten. Coco macht den 

nach. Er stolpert, als würde er

von einem  gezogen.

Dann macht der  den 

nach. Mit hängender 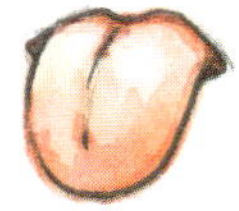 und

großen 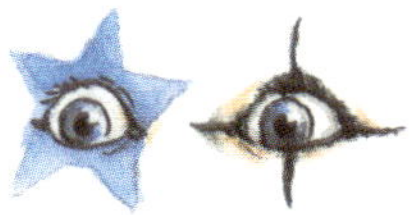 läuft er auf 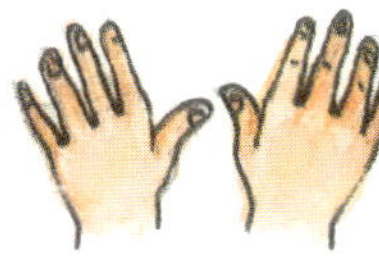

und . Dabei zerrt er an

einer , die er gar nicht umhat.

Alle klatschen und lachen.

Der  verbeugt sich.

Eine junge  mit sehr

hohen  kommt vorbei.

Die  wackelt mit dem ,

dass einem schwindelig wird.

Coco geht hinter ihr her. Sein

 wackelt noch viel mehr.

Schließlich entdeckt der 

einen  in einem  .

Der  schlendert die 

entlang und liest  .

Coco breitet die 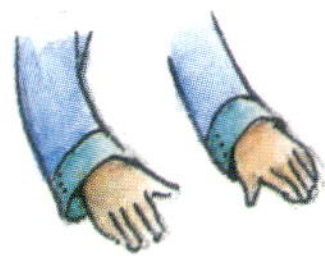 aus, als

würde er ebenfalls  lesen.

Der  faltet die 

zusammen. Er ballt die 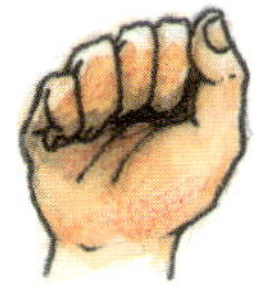

und droht Coco mit seinem 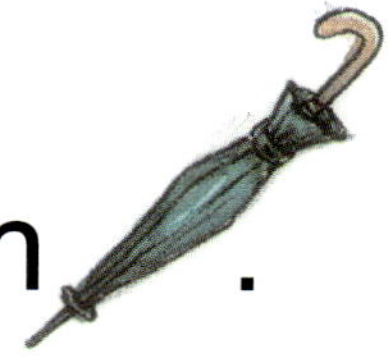.

Auch der  tut so, als falte

er eine 

zusammen.

Und auch er ballt die .

Wie in einem  .

Plötzlich muss der 

lachen. Er hebt den  und

geht kopfschüttelnd weiter.

Einem  kann man eben

nicht böse sein.

# Auf den Hund gekommen

Dem  geht heute einiges schief. Zuerst ist ihm seine liebste  vom  gefallen. Dann hat er mit dem  sein  verbrannt. Und ein  ist ihm auch noch abgerissen.

Coco holt  und 

und näht den  schnell

wieder an. Dabei sticht er sich

in den 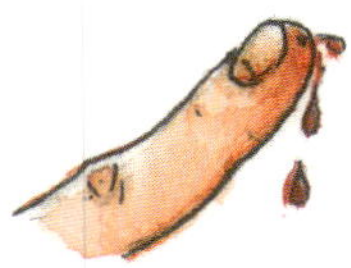 und braucht auch

noch ein 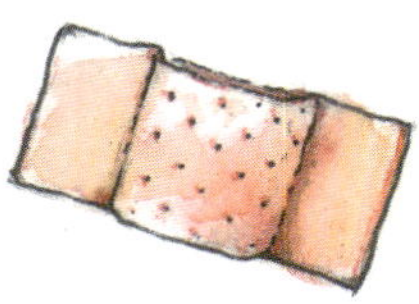. Jetzt aber los.

Er schlüpft hastig in seinen

linken  und bindet

eine . Dann in den

rechten . Der  reißt.

Mit dem  in der 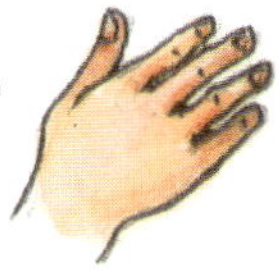

rennt Coco zum . „Kann

mir jemand einen 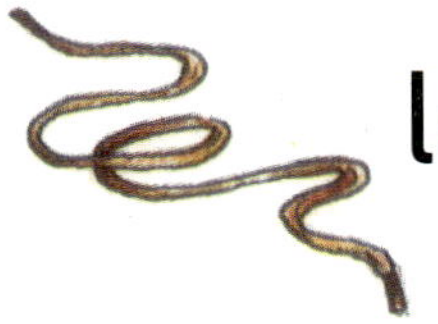 leihen?“

„Nimm meinen“, sagt der .

Er macht seinen  auf.

„Coco, du bist dran!“, ruft

der  ungeduldig. Da kommt

Bonzo, der  der .

Er schnappt sich Cocos 

und läuft in die 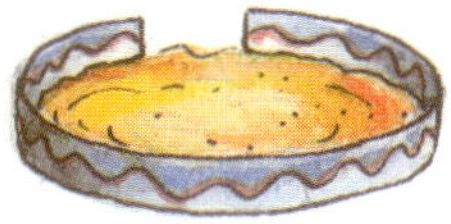.

Der  hört die 

lachen. Er humpelt hinterher.

Bonzo hat den  zwischen

den 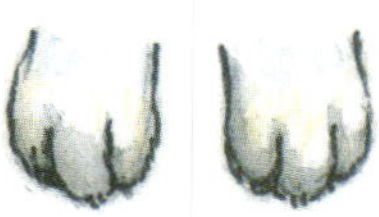 und nagt mit seinen

scharfen  daran herum.

Coco schleicht sich an.

Als er nach dem 

greift, rennt Bonzo davon.

Immer und immer wieder.

Die  klatschen und

trampeln mit den 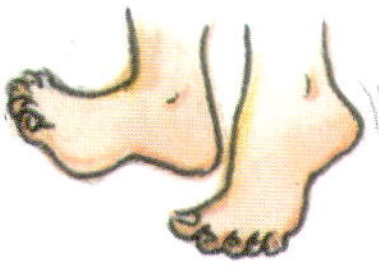 .

Sie glauben, der  und

der geklaute  gehören

dazu. Vielleicht sollte der 

immer mit Bonzo auftreten?

**Die Wörter zu den Bildern:**

Zirkus

Clown

Plakate

Kinder

Pferde

Elefanten

Kamele

Traktor

Zirkuswagen

Zirkusdirektor

Zauberer

Käfige

Löwen

Tiger

Tür

Schild

Mann

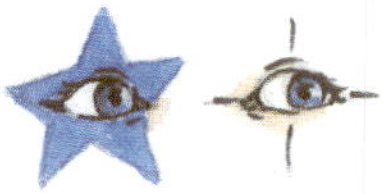
Augen

Nase

Schuhe

Mädchen

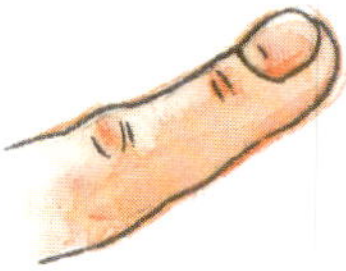
Finger

Mund

Straße

Frauen

Taschen

Junge

Hund

Leine

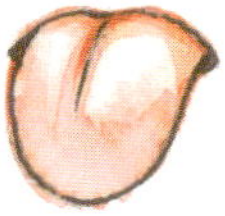
Zunge

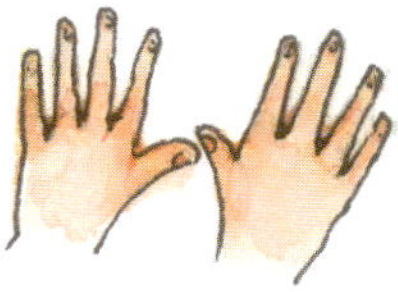
Hände

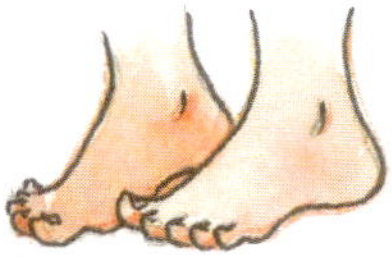
Füße

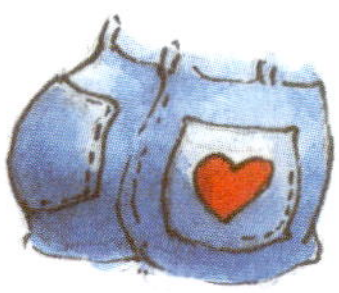
Po

Anzug

Zeitung

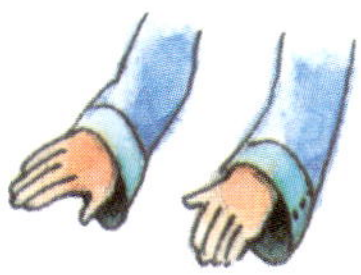
Arme

Faust

Schirm

Spiegel

Hut

Tasse

Tisch

Bügeleisen

Hemd

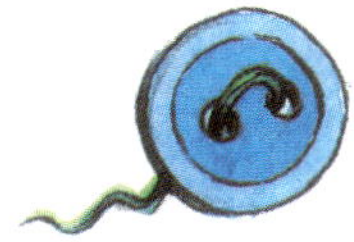
Knopf

Nadel

Faden

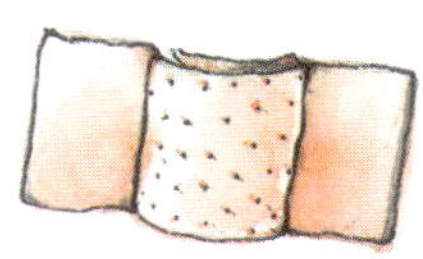
Pflaster

Schleife

Schnürsenkel

Zelt

Seiltänzerin

 Manege

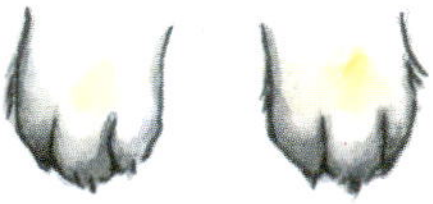 Pfoten

 Zuschauer

 Zähne

# Ungeheuerlich

Die  lässt sich auf dem  treiben. Über ihr kreist ein . Die  scheint. Im  quaken die , und die  schnattern. Kommt da jemand? Tatsächlich. Nicky sieht viele  und eine .

Sie stellen ihre  ins .

Ein 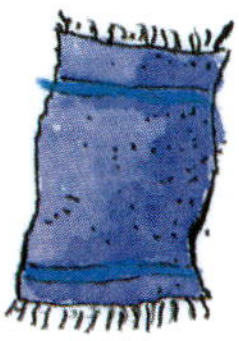 wird neben das

andere gelegt. Die  spannt

einen riesigen  auf.

Die  haben alle   und  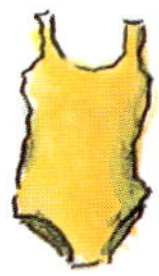 an. „Springt nicht kopfüber vom “, mahnt die .

„Der  ist hier sehr flach.“

Nicky versteckt sich hinter ein

paar  . „Wer zuerst drin

ist, hat gewonnen!“, ruft ein  .

„Wenn ich du wäre, würde ich

nicht reingehen“, sagt ein  .

„Im  lebt ein grausiger .

Der fängt kleine  und legt sie

in 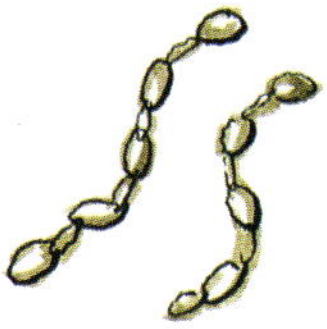“, flüstert er geheimnisvoll.

Das  erschrickt.

Der  lacht es aus und

hüpft platschend in den .

Die  findet das gemein.

Sie hängt sich  über

den  und schwimmt prustend

und schnaubend auf den  zu.

„Ich bin der grausige  und

suche einen kleinen “,

sagt sie. Der  schreit auf

und flieht. Die  zieht sich

kichernd die  vom .

„Wir  müssen doch

zusammenhalten!“, ruft sie

dem  zu. Und schon ist

sie wieder verschwunden.

# Willibalds Geburtstag

Der  Willibald wird 250.

„Das muss gefeiert werden“,

denkt Nicky. Sie möchte Willibald

überraschen. „Kommt morgen

früh zu Willibalds  !“, ruft

die  allen   zu. Dann

schwimmt sie den  hinauf.

Die  und der alte 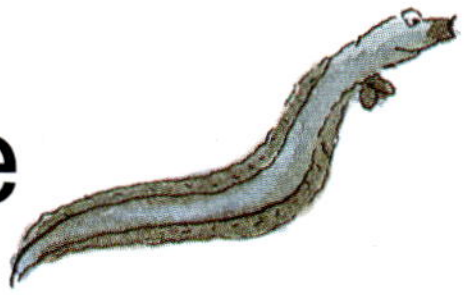

sollen unbedingt kommen.

Natürlich lädt Nicky auch

die 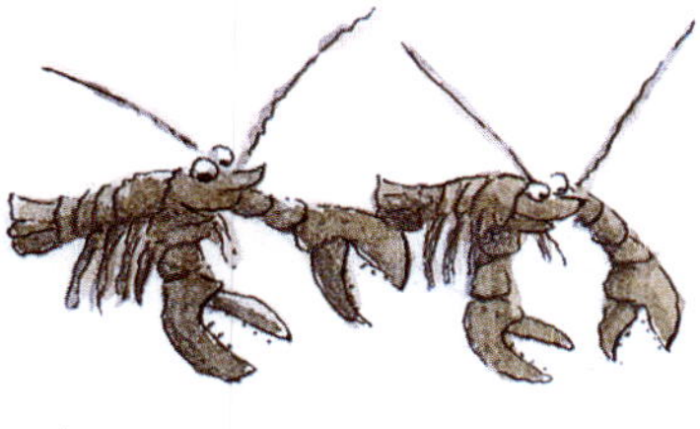 ein. Sie sind zwar

oft mürrisch, aber sie feiern gern.

„Verratet bloß nichts dem  “,

sagt die  . Die 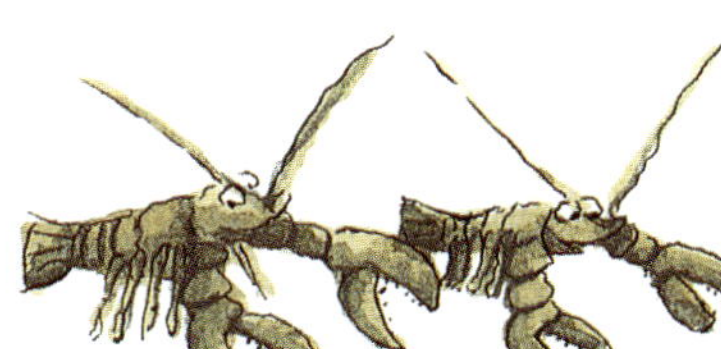

schwören es bei ihren 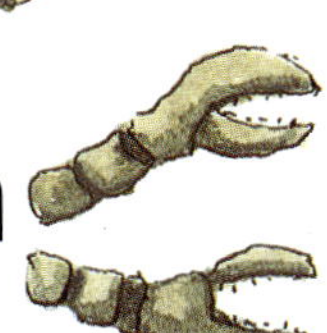 .

Dann schwimmt Nicky heim.

Was könnte sie Willibald nur

schenken? Sie kramt in ihrer

alten  . Die  findet

einen  und klebt ein

hübsches  von sich hinein.

Darüber wird Willibald sich

freuen. Zufrieden legt sich die 

in ihr 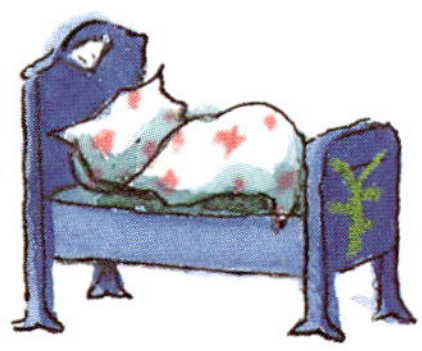. Sie schläft wie ein .

Kaum ist es wieder hell, schwimmt

Nicky zur  des .

Die anderen warten schon.

Die  zieht am  und lässt

Willibalds  bimmeln. Doch

in der  rührt sich nichts.

Vielleicht möchte der  nicht

feiern und hat sich irgendwo

versteckt. „Ho, ho!“, ruft es

plötzlich. „Wer bimmelt da an

meiner  ? Da seid ihr ja alle.“

„Wir wollten dich überraschen“,

sagt Nicky fröhlich. „Und dir

gratulieren“, murmelt der alte 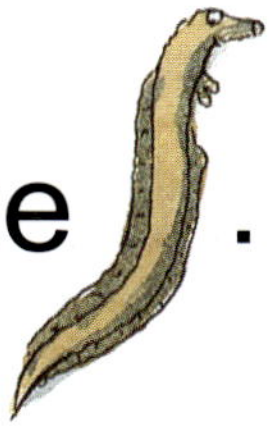.

„Ich werde aber erst morgen

250“, erwidert der .

„Gerade habe ich euch im

ganzen  gesucht, um

euch alle zu mir einzuladen.“

„Macht nichts, dann feiern wir

eben zweimal“, sagt die  und

überreicht Willibald ihr  .

## Die Wörter zu den Bildern:

See

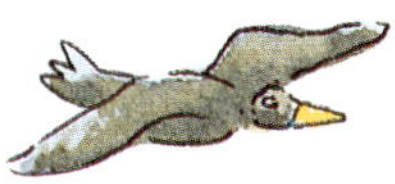
Vogel

Sonne

Schilf

Frösche

Enten

Kinder

Frau

Rucksäcke

Gras

Handtuch

Sonnenschirm

Badehosen

Badeanzüge

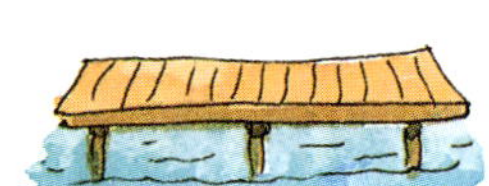
Steg

Seerosen

Mädchen

Junge

Wassermann

Ketten

Kopf

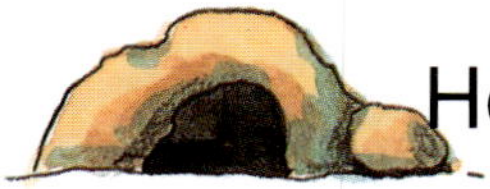

Höhle

Fische

Fluss

Biber

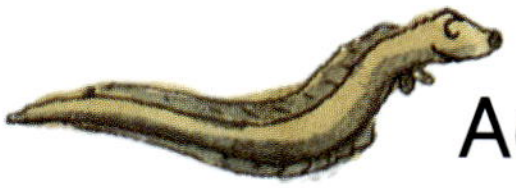

Aal

Krebse

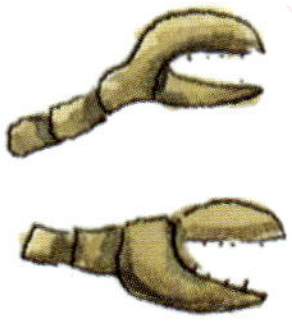

Zangen

Kiste

Bilderrahmen

Bild

Bett

Stein

Seil

Glocke

Tür

## Tag der offenen Tür

Heute ist was los im .

Überall wimmelt es von .

Sie wollen alles genau wissen.

Der  erklärt ihnen geduldig,

wie ein  funktioniert.

Die größeren  dürfen ihm

sogar helfen ein  zu löschen.

„Wir zünden jetzt die alte 

an!“, ruft Florian. „Wer möchte

den  halten?“ Natürlich

melden sich viel zu viele  .

Darunter auch ein kleiner 

mit seinem  . „Tut mir Leid“,

sagt Florian. „Der  ist noch

ein bisschen zu schwer für dich.“

Traurig drückt der kleine 

seinen  an sich. „Aber wenn

du möchtest, darfst du nachher

ins 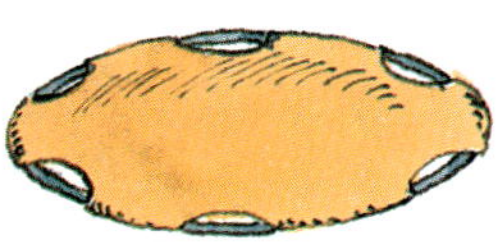 springen“, sagt Florian.

„Wirklich?“, fragt der  .

„Versprochen“, sagt der  .

Nachdem die  gelöscht ist,

wird das  aufgespannt.

Die  dürfen von der 

springen. Auch der kleine 

mit dem  stellt sich hinten an.

„Und – hopp!“, ruft Florian dem ersten  zu. Schon ist es sicher im 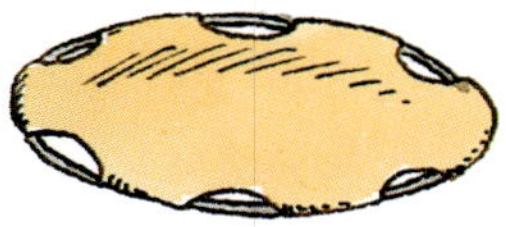 gelandet. „Und – hopp!“, ruft der  dem kleinen  zu. Aber er springt nicht. „Mein  traut sich nicht“, sagt er leise. „Dann musst du ihm gut zureden und selbst ganz mutig sein!“, ruft Florian.

Der  umarmt den 
mit beiden . Dann atmet er
tief durch und springt. Er landet
sicher im . „War's denn
schlimm?", fragt der .

Der  schüttelt den .

„Mein  will sogar noch mal“,

sagt er. „Dann nichts wie rauf auf

die “, sagt Florian lachend

und hilft ihm vom 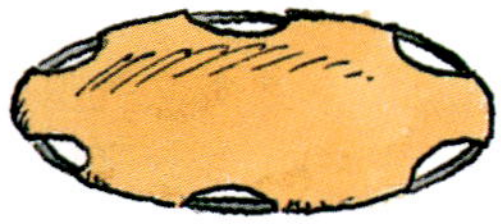.

# Brand auf dem Bauernhof

Schon von weitem sieht Florian das  . Der  brennt.

Der  hält das  an.

Die  rollen den  aus. „Beeilt euch!“, ruft Florian.

„Bis jetzt brennt nur das 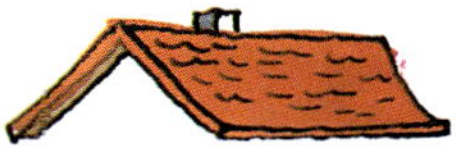 !“

Schon fangen sie an zu spritzen.

Vorsichtig geht Florian zum  .

Er fühlt mit der 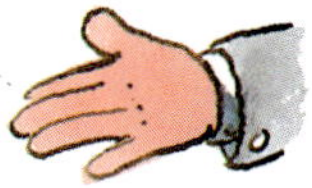 am  .

Es ist noch nicht heiß. Das 

hat sich nämlich noch nicht

nach unten ausgebreitet.

Schnell öffnet der  das 

und rennt in den . Er macht

alle  auf. , 

und  laufen durcheinander.

Der  treibt die  und  auf die . Die  versucht die aufgeregten  im  zusammenzuhalten.

„Wo ist Bello?“, fragt ein  ,

als Florian mit rußigem 

aus dem  kommt. Der 

überlegt, ob er noch einmal hinein

soll. Das  knackt und knistert.

Doch da kommt Bello schon gelaufen. In seinem  trägt er behutsam einen  . „Bello hat Hoppel gerettet!“, ruft das  .

Sie umarmt ihren  . „Braver Bello“, sagt Florian. „Den  habe ich glatt übersehen.“

**Die Wörter zu den Bildern:**

Feuerwehrhaus

Kinder

Feuerwehrmann

Feuerwehrauto

Feuer

Hütte

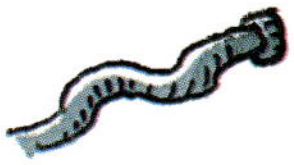
Schlauch

Junge

Teddybär

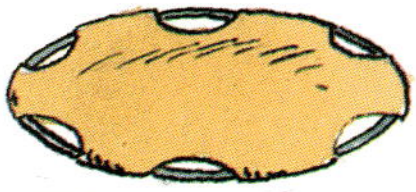
Sprungtuch

Arme

Kopf

Bauernhof

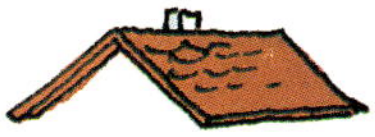
Dach

Stall

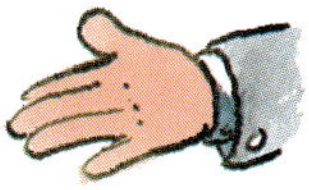
Hand

Tor

Riegel

Hühner

Schweine

Kühe

Bauer

Wiese

Bäuerin

Garten

Mädchen

Gesicht

Maul

Hase

Hund